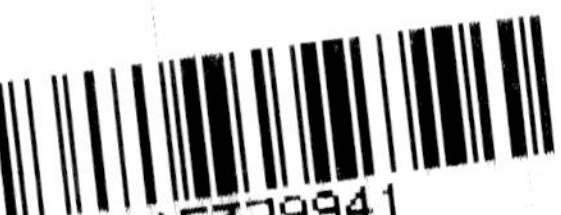
AF379941